Die Bergträumerin

RÄUME FÜR TRÄUME

Eine Buchreihe im Verlag Villa Wiental
Herausgegeben von Dieter Halama.

Veröffentlichung Nr. 1.
Jeannette Stockinger: Die Bergträumerin – ein Reisebegleiter zum Selbst.

Dieses Werk erschien erstmals im Juli 2023 in einer bibliophilen handgebundenen Auflage von 100 Stück.

Am 7. März 2024 erschienen:

Die deutsche Buchhandelsausgabe.

Die englische Ausgabe:
The Mountain Dreamer – A Travel Companion to Yourself
Bibliophile English edition.
Übersetzt von Heide Julie Halama.

Die niederländische Ausgabe:
De bergdromer – een reisgenoot naar jezelf.
Bibliofiele Nederlandse editie.
Übersetzt von Heide Julie Halama.

DIE BERGTRÄUMERIN

ein Reisebegleiter zum Selbst

If you can imagine the unimaginable,
life will present you an unimaginable image of life.

von

Jeannette Stockinger

VILLAWIENTAL

Inhalt

»Reisen
STROM
100 JAHRE BERGRETTUNG IN ÖSTERREICH
10
GLÜHLAMPEN-
STARKSTER LICHTEFFECT
BEI GROSSEM ERSPARNISSE
Stadlau
Wien um 1880

Zu Beginn der Reise

Es war eine Frau, die voller innerer Zufriedenheit ihr Leben lebte. Dies glaubte sie zumindest. Bis zu dem Tag, an dem eine Begegnung am Berg ihr Leben komplett veränderte. Ab diesem Zeitpunkt war die Veränderung das einzig Konstante in ihrem Leben. Und das lernte sie zu genießen.
Seit einigen Jahren sitzt die Bergträumerin nun am Fuße des Berges und lauscht den ständigen Veränderungen der wechselnden Jahreszeiten. Der Berg ist ihr Leben und Traum zugleich. „Was zeigt uns die Natur, was wir Menschen noch nicht verstanden haben? Was möchte sie uns lehren?“, spricht eine Stimme zu ihr. Sie lebt für das Abenteuer in den steilen Hängen und gefährlichen Schluchten. Sie liebt die Stille und Ruhe am Gipfel und die beruhigende Aussicht in die Weite, in unser Universum.
Das Universum fasziniert sie. Sie hebt ihren Kopf und blickt in den von Sternen durchfluteten Himmel. Die Milchstraße bewegt sich, wie unsere Wirbelsäule, frei durch Raum und Zeit. Gleich unseren Zellen leuchten die Sterne am Himmel und die Planeten kreisen endlos, wie der Atem durch unsere Lungen fließt. Der unendliche Prozess des Seins. Der Lauf der Jahreszeiten. Betrachten wir das Leben als einen wiederkehrenden Prozess auf Erden, so wie die Jahreszeiten, ein Kommen und Gehen.
„Wirf einen Blick zu deinem Bauchnabel und verbinde dich mit Mutter Natur. Spüre dich! Was fühlst du durch deinen Bauchnabel?“, fragt ihre innere Stimme. „Jeder Mensch ist mit Mutter Natur verbunden und so sind wir alle miteinander eins. Von der Erde bis hinauf zu den Sternen durchflutet die Liebe unser All.“
In diesem Moment erkennt die Frau, dass sie ist. Denn sie benötigt nicht mehr als zu sein. „Alles nach dem Sein ist schon nichts, weil das Leben nur dich selbst benötigt, um zu sein. Und du bist schon. Finde den, der vor dem Tod und vor der Geburt schon ist und schon immer da war. Der nie wird, aber den Platz für alles stellt.“

Das wünsche ich dir, liebe Leserin und lieber Leser.
Namasté!

Deine Bergträumerin

TOMS
HÜTTE
MAD

Der Tunnelbauer

Eines Morgens traf die Bergträumerin am Fuße des Berges auf einen Tunnelbauer. Er freute sich über die seltene Begegnung und sagte zu ihr: „Du bist, was du siehst."

„Und wer bist du, wenn du im Tunnel nichts sehen kannst?", fragte sie herausfordernd.

„Ich sehe oft Wochen oder Monate niemanden. In der Dunkelheit des Tunnels habe ich mein wahres Ich erkannt. Sie ist für mich das größte Geschenk, deswegen bin ich Tunnelbauer geworden."

„Ich habe oft Angst in der Dunkelheit. Wie kannst du dein wahres Ich in einem einsamen Tunnel erkennen, wo es düster, kalt und nass ist?", fragte die Bergträumerin verblüfft.

„Das Leben ist ein Wunder und wir wundern uns oft, wie etwas möglich sein kann. Ich habe keine Angst vor der Dunkelheit, denn ich habe auch keine Angst vor dem Tod. Als ich mein wahres Ich erkannt hatte, wurde mir klar, dass das Leben unendlich ist. Darf ich mich vorstellen: Ich bin José. Wenn ich sage, dass ich José bin, wer ist dann das Ich? Und wer war zuerst da, das Ich oder José? Hast du dir darüber schon einmal Gedanken gemacht?"

„Ich bin Träumerin und stelle mir ein Leben in den Bergen vor, deswegen beobachte ich seit Jahren den Berg aus der Nähe und aus der Ferne. Die Natur spricht mit mir und zeigt mir den Weg. Wer ich wirklich bin, möchte ich durch die Natur herausfinden. Wie kann ich denn mein wahres Ich erkennen?", fragte die Bergträumerin neugierig.

„Das wahre Ich zu erkennen, verlangt eine innere Haltung der Hingabe. Wenn unser Verstand in der Ruhe ist, werden wir erwartungslos. Unser Bewusstsein kann sich in der Wahrnehmung erweitern. Die Kraft liegt in der Stille. Erkenne in der Dunkelheit, wer du wirklich bist und löse dich von deinen dunklen Seiten, deinem Trauma, das du erlebt hast. Wenn du die Dualität unserer Welt als ein Konstrukt des menschlichen Daseins erkannt hast, dann kannst du dich von jeder Illusion befreien. Löse dich von deiner wertenden Haltung und du wirst dich in allem wiedererkennen", erklärte der Tunnelbauer.

„Wie kann ich mich von den dunklen Seiten meines Lebens, dem Trauma, lösen?“, erwiderte die Bergträumerin mit einem interessierten Blick.

„Erkenne dich als menschliches Wesen in einem wunderbaren Körper, der dir geschenkt wurde. Mache dir im selben Augenblick bewusst, dass du auch ein göttliches Wesen bist. Als göttliches Geschöpf werden wir in unsere Familie geboren, die durch glückliche wie auch belastende Vermächtnisse bestimmt wird. Erinnere dich daran, dass wir nur im Moment sind. Wir sollen an allen Erfahrungen wachsen und lernen, uns nicht mit diesen zu identifizieren. Im wahren Kern des Ichs bist du immer das gleiche Wesen. Trete ein in den dunklen Tunnel deines Lebens und erkenne dich. Wenn du durch die Angst der Dunkelheit gehst, dann wirst du das Licht am Ende des Tunnels sehen und dein inneres Licht entdecken – dein wahres Ich.“

ZUM NACHSPÜREN

Nach jeder Geschichte findest du Fragen zum Nachspüren. Du bist eingeladen, diese für dich zu reflektieren.

Wovor hast du Angst im Leben?

Wie würdest du dein wahres Ich beschreiben?

Was hindert dich daran, dein wahres Ich zu leben?

Der Mann in der Kirche

Die Zeit am Berg stand oftmals still und so war es auch in der kleinen Bergkirche. Auf ihrem Weg zum Gipfel kam die Bergträumerin zu der kleinen Lichtung, wo die Kirche und ihr Bewohner, ein adretter Mann, ein wunderbares Plätzchen mit einer traumhaften Aussicht genossen.

„Heute ist ein wunderbarer Tag! Ich würde dich gerne zu deiner Kräftigung zum Essen einladen", begrüßte er sie mit einem charmanten Lächeln. Verwundert und geschmeichelt sah die Bergträumerin den stattlichen Mann an und antwortete: „Vielen Dank! Diese Einladung nehme ich sehr gerne an. Ich habe noch genügend Zeit, den Gipfel zu erreichen."

Verträumt betrat sie die Kirche. „Wer bist du, fremder Mann? Stelle dich vor, denn ich kenne dich nicht!", forderte die Frau mit Interesse. Der Mann antwortete mit erhabener Stimme: „Du erkennst dich ja nicht einmal selbst. Erkenne im Spiegel deines Gegenübers das wahre Sein deines Selbst. Du musst mich nicht kennen, um mir zu vertrauen. Vertraue dir selbst!"

Die Bergträumerin sah dem Mann verdutzt in die Augen.

Im Inneren der Kirche war ein langer Tisch aufgestellt. An seinen Seiten saßen bereits weitere Gäste und erfreuten sich an den köstlichen Speisen und Getränken. Die Bergträumerin war von der festlichen Atmosphäre überrascht, die ihr das Gefühl gab, Teilnehmerin eines großen Schauspiels zu sein.

Auf den ersten Blick wirkte das Festmahl wie eine Geburtstagsfeier, jedoch erkannte sie bald, dass es sich um einen Leichenschmaus handelte. Verwirrt saß sie auf ihrem Stuhl und lauschte den Gesprächen der Gäste, bis sie ein älterer Mann ansprach: „Und welche Verbindung hattest du zu José?" Sie blickte dem Mann in die Augen und fragte: „Meinst du José, den Tunnelbauer?" Der Mann lachte und sagte: „Ja, natürlich meine ich José, den Tunnelbauer."

Die Bergträumerin war erschüttert über den unerwarteten Tod des weisen Mannes aus dem Tunnel, den sie erst kurz zuvor kennengelernt hatte. Eine negative Stimmung machte sich in ihrem Inneren breit und sie flüchtete Richtung Ausgang.

„Wohin eilst du, junge Frau? Hast du etwa Angst vor dem Leid und dem Tod?", fragte der Mann, der sie zuvor eingeladen hatte. „Ich habe keine Angst vor dem Leid und dem Tod, aber ich möchte die dunklen Seiten meines Lebens akzeptieren und auflösen. Das wurde mir so gelehrt. Ich entscheide mich für das gute Leben, ohne Leid und ohne Schmerz", antwortete die Bergträumerin mit großer Überzeugung.

Der Mann war jedoch anderer Meinung: „Du flüchtest aus dieser Situation, weil du Angst vor dem Tod hast. Akzeptiere ihn, genauso wie du die Liebe akzeptierst. Du kannst keine andere Person der Welt dazu bringen, dich zu lieben, aber du kannst immer die Entscheidung treffen, dich selbst zu lieben. Ebenso wenig lässt sich der Tod beeinflussen. Sei dir seiner ständigen Präsenz bewusst und du wirst die wahre Lebensweise erlangen, welche dir die Gelassenheit und die Freiheit bringt, alles machen zu dürfen. Wenn du gelernt hast, den Tod zu akzeptieren, wenn du bereit bist, innerlich zu sterben, erst dann wirst du auch im Stande sein, deinen großen Lebenstraum zu verwirklichen."

ZUM NACHSPÜREN

Hast du Angst vor dem Tod? Wenn ja, warum?

In welchen Situationen vertraust du dir selbst?

Bist du bereit loszulassen?

So slow, so schön
Lebenslust

Die indonesische Frau am Berg

Auf ihrer nächsten Etappe traf die Bergträumerin eine ältere Frau, die am Wegesrand Brennholz sammelte. Sie war Indonesierin und von eleganter Statur, ihre langsamen Bewegungen und ihr aufrechter Gang wirkten edel und erhaben. Als die Sonne ihr Gesicht erleuchtete, war ein genügsames Lächeln zu erkennen. Ein dynamischer Hund war an ihrer Seite. Es schien, als würde er sich durch seine Lebendigkeit mit seinem Bellen selbst überrollen.

Die Bergträumerin beschleunigte ihre Schritte, um schnell an dem kläffenden Hund vorbeizukommen. „Slowly, slowly ... Wohin eilst du denn?“, rief ihr die Holzsammlerin nach.

„Ich eile auf den Gipfel des Berges.“

„Was erwartet dich am Gipfel des Berges?“, fragte die Frau wissbegierig.

„Ich habe keine Erwartungen mehr an mein Leben, da mich diese oft zu Enttäuschungen geführt haben. Jede Erwartung gleicht einer Illusion, die nicht der Wahrheit entspricht. Am Gipfel des Berges erkenne ich durch den Blick in die Ferne die unendlichen Möglichkeiten des Seins. Aus diesem Grund eile ich.“

„Was möchtest du denn sein, wenn du im Jetzt schon alles bist?“, fragte die Frau weiter. „Wenn du eilst, hast du vergessen, dass alles, was ist, sich im Jetzt befindet. Du brauchst nicht zu eilen, um zu sein. Mein Hund ist sehr sensibel. Immer, wenn jemand eilt, beginnt er zu bellen. Eigentlich ist seine Reaktion kontraproduktiv, denn die Menschen fürchten sich und laufen vor ihm davon. Sein Verhalten soll dich auch daran erinnern, dass Angst kein guter Begleiter ist. Wenn du dich selbst liebst, dann eilst du nicht, denn du liebst dich im Sein. Wenn du die Liebe lebst, dann eilst du nicht. Entschleunigst du dein Eilen durch die Liebe, so beruhigt sich auch der Hund, denn er ist ein feinfühliges Wesen und nimmt deine Energie wahr. Der Hund ist wie ein Mensch – ein sich selbst liebender Feind.“

„Und wie verhielte sich dein Hund, wenn ich auf den Gipfel eilen würde, um dem drohenden Unwetter zu entkommen?“, fragte die Bergträumerin verunsichert.

„Um das Wetter lesen zu können, nimmst du dir Zeit, deine Umgebung zu beobachten. In allen Dingen, die wir tun, ist es wichtig, uns zu beobachten und zu erkennen, wer wir wirklich sind. Sich selbst zu beobachten bedeutet aber nicht zu beurteilen, wer wir sind, denn wir verändern uns in jedem Augenblick unseres Lebens. Wenn du eilst, kannst du dich nicht selbst erkennen. Die Ruhe im Sein entsteht aus dem Nichtstun. Hole die Stille des Momentes zu dir und erkenne dich darin. Das Nichts existiert nur in der Gegenwart, im Hier und Jetzt, weder in der Vergangenheit noch in der Zukunft. Hole daher die Sinnlosigkeit des Nichts im Augenblick zu dir und erkenne dich darin. Lass das Eilen sterben und werde aus dem Nichts heraus neu geboren. Nur kein Widerstand! Stirb heute Nacht in deinem Geist, dann musst du nicht mehr eilen. Wenn du morgen wiederkommst, wirst du es an der Reaktion des Hundes erkennen."

„Was werde ich erkennen?", fragte die Bergträumerin neugierig.

„Erkenne dich im Spiegel deines Seins wieder. Vertraue dir, denn du kannst es, nur tun musst du es selbst."

Verwirrt ging die Bergträumerin nach Hause und warf einen intensiven Blick in ihren Spiegel. „Wer bist du? Bist du wer? Du bist wer", murmelte sie vor sich hin und sah sich selbst tief in die Augen. Eine Träne löste sich und sie begann heftig zu weinen.

Seitdem sie die Traumreise auf den Berg angetreten hatte, häuften sich diese geheimnisvollen Zufälle und Begegnungen, und jede hatte eine kleine Veränderung in ihrem Inneren ausgelöst. Diesmal war es jedoch viel tiefgründiger: Sie verspürte eine bisher unbekannte Leere, Verlorenheit und Haltlosigkeit, ein Gefühl, verrückt zu werden, eine große Angst, sich selbst zu verlieren.

Am nächsten Morgen hatte die Bergträumerin verschlafen und anstatt zu eilen, blickte sie erneut in den Spiegel und schenkte sich ein liebevolles Lächeln. Erfüllt von Ruhe und Zufriedenheit wanderte sie langsam zur indonesischen Frau. Der dynamische Hund kam ihr sogleich entgegengelaufen und schmiegte sich an ihre Seite. Er gab keinen Ton von sich. „Dein Hund ist verstummt!", staunte die Bergträumerin. Da lachte die Frau und sagte überzeugt: „Ja, Liebes, nicht nur der Hund, sondern auch dein Verstand und dein Ego sind über Nacht verstummt und sagen dir nicht mehr, wohin du eilen sollst. Du bist in deiner Mitte angekommen und hast die Ruhe in dir erkannt."

ZUM NACHSPÜREN

Welche Erwartungen hast du an dein Leben?

Nimm dir fünf Minuten Zeit, stelle dich vor den Spiegel und erkenne dich selbst in deinen Augen. Was beobachtest du an dir?

Bist du bereit deine Erwartungen loszulassen? Wer bist du, wenn du keine Erwartungen mehr hast?

Der Bergsteiger

Am frühen Morgen begann die Bergträumerin den Aufstieg zu einer Klettertour durch den Fels. Auf einem leuchtend grünen Grasband am Fuße einer steilen Felswand wanderte sie zum bekannten Drei-Enzian-Steig. Beim Einstieg begegnete ihr ein alter Bergsteiger, dessen Aussehen sie an einen Universitätsprofessor erinnerte. Er trug eine Brille, wirkte souverän und ausgeglichen und strahlte ein hohes Maß an Ruhe aus.

Die Bergträumerin fühlte sich in seiner Nähe sofort geborgen. „Guten Morgen, Herr Bergsteiger! Welche Begehung hast du dir heute zum Ziel gesetzt?“, fragte sie mit motivierter Stimme.

„Guten Morgen, junge Dame! Ich freue mich, dir zu begegnen! Heute möchte ich am Drei-Enzian-Steig meiner Angst entgegentreten. Der Blick auf den Gipfel als Vision eines sichtbaren Zieles macht mir Mut, er gibt mir die Richtung vor, setzt meine Energien frei und eröffnet mir meinen Sinn. Der Berg ist zum Lehrmeister meines Lebens geworden.“

Die erklärenden Worte des Bergsteigers erweckten ihre Neugier und so fragte die Bergträumerin weiter: „Bist du Professor der Philosophie?“

Rasch erwiderte er: „Die Philosophie ist das Universum aller Möglichkeiten im Inneren. Wenn du dein wahres Selbst erkennst, dann wirst du deine wahre Philosophie leben. Was ist es, das dein Leben im Innersten zusammenhält?“

„Das ist eine große Frage ... Die Freude, das Glück und die Liebe zum Berg. In schwierigen Momenten hole ich mir meine Kraft am Berg und spüre eine intensive Energie in mir aufsteigen. Dies hält mein Leben im Innersten zusammen“, antwortete die Bergträumerin.

„Nimm dir ein Ziel vor, gehe fokussiert darauf zu, erreiche es und du wirst ein anderer Mensch. Wenn dir das Leben schwierige, scheinbar aussichtslose Situationen bringt, nimm die Herausforderung an. Denn jemand, der eine Herausforderung annimmt, geht seinen Lebensweg anders als einer, der ziellos vor sich hin lebt. Wie der Bergsteiger, der gerade dann besonders motiviert ist, wenn er in einer Wand eine unerwartet schwierige Steigvariante findet.“

„Wie fokussierst du deine Gedanken, Herr Bergsteiger? Wie befreist du deinen Geist von der Angst vor dem Sturz in die tiefen Abgründe?“, fragte die Bergträumerin mit zerbrechlichem Ton.

„Du beginnst deinen Weg mit dem ersten und beendest ihn mit dem letzten Atemzug. Das ist bedeutsam. Konzentriere dich auch zwischenzeitlich immer auf deine Atmung. Dein Atem ist die Verbindung zum Hier und Jetzt und zu deinem absoluten Schöpfertum. Deine Gedanken werden stiller. Alles, was zählt, ist der Moment. Erkenne, dass Geburt und Tod unendliche Prozesse des Seins sind. Dann schwindet deine Angst und es bleibt dein Sein in Verbindung mit deinem Atem. Bedeutend sind auch dein Herz und die Liebe zum Berg, denn nur der, der sich selbst liebt, kann den Berg wahrhaftig lieben und die steilen Hänge durchsteigen“, erklärte der Bergsteiger mit erfahrener Stimme.

ZUM NACHSPÜREN

Nimm dir fünf Minuten Zeit und setze dich an einen ruhigen Platz. Beobachte deine Atmung. Was nimmst du wahr?

Was ist dein derzeitiges Ziel im Leben?

Wer oder was unterstützt dich am Weg zu deinem Ziel?

ÖSTERREICH 80
ÖSTERREICH 80
Bildband
Diane Arbus
C.D. Friedrich
Baikal-See
Tschita
Ulan-Ude
Wüste
Gashun-nor
PEKING
Dairen
Helfer im Paradies

Die Brunnenfrau

Zur Mittagszeit kam die Bergträumerin zu einem Brunnen. Sie füllte ihre Flaschen mit dem erfrischenden Wasser. Da entdeckte sie eine alte Dame, die in einer Schüssel mit kleinen Reiskörnern wunderschöne Mandalas legte. Die Bergträumerin beobachtete, wie die Brunnenfrau, nachdem sie das letzte Reiskorn auflegt hatte, die Schüssel mit einem zufriedenen Lächeln in kreisenden Bewegungen schwenkte und anschließend von neuem begann, ein Reiskornmuster zu legen.

„Guten Tag, Brunnenfrau! Ich habe deine Kunstwerke gesehen. Du hast Talent!", sagte die Bergträumerin. „Setz dich, ich möchte dir meine Reiskörner zeigen", antwortete die Frau. „Der Reis und das Wasser sind meine Lehrmeister. Sie zeigen mir, dass dort, wo Wasser fließt, auch alles andere fließen kann. Die Reiskörner haben mich inspiriert, Mandalas zu gestalten und so kam meine Kreativität ins Fließen. Dann bemerkte ich, dass mein Geist ruhig geworden war. Zuvor hatte er einem Bach geglichen, der durch den Lauf des frischen Wassers ständig in Bewegung gewesen war. Ich erkannte auch, dass ich nicht meine Gedanken bin, sondern ihr Beobachter und ich diese kontrollieren kann. So begann ich ein besonderes Experiment. Möchtest du mehr davon erfahren?", fragte die Brunnenfrau.

„Sehr gerne", antwortete die Bergträumerin und blickte sie neugierig an.

„Als ich erkannte, dass alles, was ich denke, zu meiner Realität wird, versuchte ich, mit meinen Gedanken zu experimentieren. Ich nahm drei Wasserkaraffen, füllte sie mit frischem Brunnenwasser und gab in jede eine Handvoll Reis. Die erste Karaffe hegte und pflegte ich jeden Tag, indem ich ihr meine vollste Aufmerksamkeit und liebevolle Gedanken schenkte. Der zweiten Karaffe ließ ich ausschließlich negative Gedanken zukommen. Ich beschimpfte den Reis und entwickelte ihm gegenüber Zorn, Wut und Hass. Die dritte Karaffe ließ ich links liegen und beachtete sie kaum, sodass ich keine Energie dafür nutzte, um überhaupt einen Gedanken an sie zu verlieren.

Das Experiment sollte mir zeigen, wie ich durch meine Gedanken das gegenseitige Verhalten zwischen Wasser und Reis beeinflussen konnte. So vergingen einige Monate und ich hatte zu jeder der drei Karaffen eine individuelle Beziehung entwickelt. Möchtest du erfahren, was dann geschah?", fragte die Dame am Brunnen.

„Ja, ich bin neugierig, wie sich der Reis entwickelt hat", antwortete die Bergträumerin.

„Nun, anhand des Ergebnisses meines Experiments kannst du dich vergewissern, dass du mit der Macht deiner Gedanken deine Lebensentwicklung beeinflussen kannst. Das Wasser in den Karaffen gleicht dem Wasser in unserem Körper und da wir zu mehr als 70 Prozent aus Wasser bestehen, ist es ein wichtiger Nährstoff für unsere Entwicklung.

Die Reiskörner stellen deine Gedanken dar. Je klarer dein Geist ist, desto klarer ist das Wasser in deiner körpereigenen Karaffe. Das Experiment zeigte mir den Einfluss meiner Gedanken auf meine Umgebung. Die vielen positiven Gedanken und die liebevolle Aufmerksamkeit, die ich der ersten Karaffe geschenkt hatte, verbesserten das Aroma ihres Inhalts und der Reis hatte somit an Selbstwert gewonnen. Der Reis in der zweiten Karaffe, der meine negativen Gedanken erhalten hatte, war nach und nach schwarz und ungenießbar geworden. Und auch die dritte Karaffe, die keine Beachtung und Zuwendung von mir bekommen hatte, hatte Schimmel entwickelt und war verdorben."

„Wenn die Gedanken unser Leben so stark beeinflussen, wie können wir sie dann in Balance halten, um ein ausgeglichenes Leben zu führen?", fragte die Bergträumerin.

„Werde dir bewusst, dass du nicht deine Gedanken bist und deren Affenzirkus in deinem Kopf nur ein Konstrukt ist, das entweder zu einer Aufwärts- oder zu einer Abwärtsspirale führen kann. Die Kunst liegt darin, den Geist ruhig zu halten und als dessen Beobachter zu fungieren. Wenn du selbst erkennst, dass der Affenzirkus in deinem Kopf immer lauter wird, dann widme dich der Meditation. Dabei lernst du in ruhiger Sitzhaltung deine Gedanken einzuatmen und auszuatmen. Du bleibst so lange in deiner Atemmeditation, bis deine Gedanken ruhiger werden, dann ist der Geist in Balance. Schenke deinem Geist regelmäßig deine Aufmerksamkeit und du wirst Wunder erleben. Lass die Quelle deines Wassers immer rein sein, so wie die Quelle deines Herzens – dann wird alles gedeihen. Das Wasser spricht mit uns und ist genauso lebendig, wie wir es sind."

ZUM NACHSPÜREN

Nimm dir 15 Minuten Zeit für eine Atemübung. Setze dich bequem hin und achte auf deine Atmung. Beginne deine Gedanken ein- und auszuatmen.
Beobachte, was passiert.

Welche positiven und negativen Gedankenmuster erkennst du in deinem Leben?

Wie schaffst du es, deine Gedanken aktiv positiv zu halten?

Der schwedische LKW-Fahrer als Millionär

Auf der nächsten Etappe querte die Bergträumerin eine Hochalpenstraße, an der sie einen parkenden LKW bemerkte. Ein Mann mittleren Alters, der soeben den Anhänger überprüfte, begrüßte sie höflich und zuvorkommend. „Schönen guten Tag, junge Dame!“, sagte er mit einem charmanten Lächeln. Die respektvolle Behandlung durch den fremden Mann schmeichelte der Bergträumerin. „Auch dir einen schönen guten Tag!“, antwortete sie. „Wieso befährst du die steile Bergstraße, auf der du ein hohes Risiko eingehst, dass du stehen bleibst? Ich sehe kaum andere LKW-Fahrer, die den Berg an dieser schwierigen Stelle überqueren.“

„Weißt du, manchmal ist es besser, andere Wege zu gehen, als die gewöhnlichen. Ich schwimme schon mein ganzes Leben lang gegen den Strom und habe oft Risiken in Kauf genommen. Ich wurde jedoch immer reichlich beschenkt“, antwortete er mit ruhiger Stimme. Er verschwand hinter dem Lastwagen und untersuchte die Reifen. Als er wieder erschien, blieb er vor ihr stehen und sprach: „Ich habe schon im Alter von zehn Jahren gewusst, dass ich LKW-Fahrer werden möchte. Ich komme aus einer armen Familie und durfte sehr früh erkennen, dass unsere Welt vom Geld regiert wird. So begann ich jung zu arbeiten und heute gehört mir das größte Transportunternehmen des Landes. Trotzdem fahre ich meine LKWs selbst, denn ich liebe sie! Inzwischen habe ich erkannt, dass die Systeme der Mächtigen existieren, um uns auf unsere eigene Macht hinzuweisen. Wenn jeder sich darauf konzentrieren würde, das zu tun, was er liebt, dann gäbe es keine Machtverteilung mehr, dann wäre jedes Individuum selbst ermächtigt und wir könnten Besonderes auf Erden schaffen.“

Zügig sprang der Mann in die Fahrerkabine und holte sein Kartenset, mit dem er in Sekundenschnelle ein wunderschönes Kartenhaus aufbaute. „Was siehst du?“, fragte er die Bergträumerin. „Nun ... ein Kartenhaus, das du gerade aufgebaut hast“, antwortete sie. „Ich zeige dir jetzt, wie schnell wir Menschen künstliche Systeme aufbauen und uns daran gewöhnen, in diesen Kartenhäusern zu leben. Wir müssen jedoch lernen, unsere Lebensmodelle nachhaltiger zu gestalten, sodass auch unsere

Nachfahren noch lange darin leben können. Das Ziel ist, dass Mensch und Natur mit-
ein[illegible] Ka[illegible]eutung, sondern fordert die Liebe und den Zusammenhalt von [illegible] Natur. Oft muss im Leben das Alte sterben, damit Neues entstehen kann“, erklär[illegible]er LKW-Fahrer mit tiefer Stimme.

[illegible]

Nenne die fünf wichtigsten Werte in deinem Leben.

Was möchtest du für Mutter Natur tun?

Was möchtest du auf diesem Planeten hinterlassen?

Frischer Start
DEGUSSA
Feingold
999,9
TRAUMHAFT

Das Mädchen auf dem Rad

Auf ihrem Weg zum Gipfel kam die Bergträumerin zu einer vielbefahrenen Straßenkreuzung. Es war ein nebeliger Vormittag und die aus allen Richtungen kommenden Fahrzeuge erfüllten die Atmosphäre mit Abgasen, Lärm und Geschwindigkeit. Die Frau blieb am Straßenrand stehen und beobachtete die anderen Verkehrsteilnehmer.

Da entdeckte sie ein junges Mädchen, das die Kreuzung mit ihrem Rad überqueren wollte. Es wirkte schutzlos inmitten des hektischen Treibens. Intuitiv schickte ihr die Bergträumerin ein Signal der Achtsamkeit.

Doch in der nächsten Sekunde geschah das vorhergesehene Schicksal. Ein Fahrzeug rammte die junge Radfahrerin. Die Wucht des Zusammenstoßes ließ ihren Körper einen Purzelbaum über die Lenkstange schlagen, sie wirbelte durch die Luft und kam anschließend auf der Fahrbahn zu liegen.

Die Zeit stand plötzlich still und auch der Verkehr stockte. Die Bergträumerin nutzte den Moment, lief zu der Verunglückten und brachte sie an den Straßenrand in Sicherheit. Sie nahm sie in die Arme, um ihr ein Gefühl von Schutz und Heilung zu gewähren.

Benommen begann das Mädchen zu sprechen: „Ich hörte eine göttliche Stimme, die mich fragte, ob ich das Licht des Lebens erblicken wolle. Sie bat mich um eine rasche Entscheidung und so antwortete ich ohne zu zögern: ‚Ich bin das Leben!‘ Als ich meine Augen öffnete, sah ich ein goldenes Licht.“

„Du hast dir schwere Verletzungen und eine Gehirnerschütterung zugezogen“, flüsterte die Bergträumerin liebevoll.

„Ich habe mit Gott gesprochen!“, sagte das Mädchen mit überzeugter Stimme. „Er fragte mich, ob ich bereit wäre, zu sterben. Ich durfte selbst entscheiden, ob ich die Erde jetzt verlassen oder noch weitere irdische Erfahrungen sammeln wollte. Gott existiert in uns!“

Die Bergträumerin war über die Erkenntnisse der Radfahrerin erstaunt. Sie konnte solche Sätze aus dem Mund eines so jungen Mädchens nur als Folge des Unfalls und des intensiven Aufpralls deuten.

„Wer fragt dich, ob du leben oder sterben möchtest? Hätte ich meine Augen geschlossen, wäre ich gestorben. Der Tod ist uns so nahe wie das Leben. In diesem Moment fuhr es mir wie ein Blitz durch den Körper und ich erkannte: Es gibt kein ‚Ende'. Denn meine Seele ist unendlich und nur mein körperliches Dasein ist begrenzt. Warum nutzen wir diese irdische Zeitspanne nicht, um Großartiges zu erschaffen? Wir haben vergessen, was das Leben bedeutet; wir haben vergessen, was uns Menschen lebendig hält; und wir haben vergessen, die Quelle des Lebens zu nähren", reflektierte das junge Mädchen ihre göttliche Begegnung.

„Was ist denn die Quelle des Lebens?", fragte die Bergträumerin neugierig.

„Die Quelle des Lebens darf jeder für sich finden. Ich kann dir nur sagen, dass die Quelle in dir selbst liegt und nicht im Außen. Identifiziere dich nicht mit deinem Besitz, deinem Umfeld oder deinen Ausbildungen. Du bist viel mehr! Schau in dein Inneres und nimm dir Zeit, dich selbst zu entdecken. Lass die Quelle deines Lebens hervorsprudeln, so wie sich die Lotusblüte zu Zeiten öffnet und ihre ganze Schönheit zeigt. Erkenne das Lebensrad und den ewigen Kreislauf von Tod und Wiedergeburt. Dann wirst du den Weg deiner Befreiung erfahren!"

Nach diesen Worten sprang das Mädchen auf, klopfte den Staub von ihren Kleidern, schwang sich auf ihr Fahrrad und fuhr davon.

Verwirrt blickte ihr die Bergträumerin nach. Was war soeben passiert? Wie konnte sich das junge Mädchen so schnell selbst heilen und den Schmerz des Unfalls überwinden?

In diesem Augenblick wurde der Bergträumerin bewusst, dass sie soeben Zeugin eines Wunders werden durfte: Dem Mädchen war durch den Unfall eine göttliche Erfahrung zuteilgeworden.

ZUM NACHSPÜREN

Was bedeuten für dich Geburt, Leben und Tod?

Kennst du die Quelle deines Lebens, die dir Kraft und Energie schenkt?

Wer oder was fragt dich, ob du leben oder sterben möchtest?

WIEN
Unendlichkeit
Liebe«

Das Mirakel der Kartenlegerin

Eine kühle glasklare Nacht war hereingebrochen und am Himmel funkelten bereits die Sterne. Die Bergträumerin spürte die Kälte. Sie hatte Holz gesammelt und damit die verlöschende Glut der Feuerstelle zu neuem Leben erweckt. Nun saß sie auf einem umgestürzten Baumstamm und beobachtete geduldig das Züngeln der langsam erwachenden Flammen. Bald würde sie sich aufwärmen können.

Ein Schatten löste sich aus der Dunkelheit und eine menschliche Gestalt trat in das Licht des Feuers. „Mir ist kalt. Darf ich mich an deinem Feuer wärmen?“, fragte eine dunkelhaarige Dame. „Nimm Platz! Setze dich zu mir, ich gebe dir meine Jacke.“ Die Bergträumerin rückte zur Seite und reichte ihr auch ein Paar Socken, das sie in ihrem Rucksack hatte.

Mit einem Lächeln blickten sich die beiden Damen an und sofort entstand eine vertraute Bindung zwischen ihnen. „Ich habe das Gefühl, dass ich dich bereits kenne. Wahrscheinlich aus einem früheren Leben. Ich heiße Maria und bin Kartenlegerin. Mein Leben hat sich schlagartig verändert, als ich begann, meinem spirituellen Auftrag zu folgen: die Bewahrung der Liebe auf Erden. Nun bin ich hier, um dir deine Bestimmung zu zeigen“, erklärte die Dame.

Neugierig blickte ihr die Bergträumerin in die Augen und anschließend auf das Kartenset, das die Kartenlegerin inzwischen vor sich ausgebreitet hatte. In einer kurzen Zeremonie der Reinigung durch Palo Santo sprach sie leise die Worte des Rituals. Anschließend legte sie intuitiv die Karten der Erkenntnis auf den Boden.

„Du bist eine spirituelle Meisterin, die Menschen auf ihrem Weg begleitet. Du hast bereits in früheren Leben vielen das alte Wissen der Wahrheit vermittelt. Du hast die Kraft, die Menschen in ihre Mitte zu führen und sie mit der Verbindung von Körper, Geist und Seele vertraut zu machen. Nutze die Gaben deiner Hände und deiner Stimme, denn sie sind göttlich. Werde dir bewusst, dass du die Seelen der Menschen wahrnehmen kannst“, sprach die weise Dame.

Das genaue Zutreffen dieser Erkenntnisse aus den Karten überraschte die Bergträumerin. Sie wollte mehr über sich selbst erfahren und lauschte aufmerksam den Worten der magischen Dame. „Bereits als Kind hattest du die göttliche Gabe, deine

Umgebung und deren Schwachstellen wahrzunehmen und zu heilen. Du spürst die unterschiedlichen Energien sehr stark und du hast gelernt, deine eigenen Schwingungen von fremden zu trennen. Du bist in die Berge verliebt, weil du dort im Zentrum deiner eigenen Kraft sein kannst."

Die Worte und Erzählungen der Kartenlegerin resonierten mit denen der Bergträumerin. Sie war zutiefst berührt von der fremden Frau, die so tief in ihr Inneres blicken konnte.

„Ich bin zu dir gekommen, um dich zu erwecken und dich an die Wahrheit über dich selbst zu erinnern. Blicke tief in dein Innerstes und du wirst erkennen, wer du wirklich bist. Wenn du dich für den spirituellen Weg entscheidest, wird dich dein Leben ganz von selbst in die Richtung leiten, für die du bestimmt bist. Vertraue in deine göttliche Kraft!"

ZUM NACHSPÜREN

Nimm dir Zeit für einen Rückblick in dein Leben. Welche spirituellen Begegnungen hattest du?

Wie lebst du dein spirituelles Leben? Sprichst du offen mit deinem Umfeld darüber?

Inspirierst du andere Menschen, ihre eigene Wahrheit zu leben?

Der gespaltene Kaiser

Auf der nächsten Etappe zum Gipfel begegnete die Bergträumerin einem Mann, der auf einem goldenen Thron saß und in den blauen Himmel strahlte. Der Sessel war prachtvoll geschmückt und mit kleinen Ornamenten verziert, die die Betrachterin sofort verzauberten. Der Mann war einfach gekleidet und seine Heiterkeit und Freude erinnerten an das Lachen Buddhas. Die Bergträumerin wollte mehr über diesen ungewöhnlichen Menschen wissen: „Du hast einen wunderschönen Thron. Hast du ihn dir selbst erschaffen oder wurde er dir von den Menschen errichtet?"

„Ich kann mich nicht mehr erinnern, wie ich und dieser Thron hierhergekommen sind. Ich bin vor ein paar Jahren aus einem Traum erwacht und plötzlich war ich von meiner Schizophrenie geheilt. Ich wurde als der Schizophrene hier am Berg bekannt. Heute bin ich der gespaltene Kaiser auf dem Thron, weil ich geheilt bin. Viele Menschen kommen zu mir und holen sich meinen Rat."

„Wie konntest du solch eine schwere Krankheit heilen?", fragte die Bergträumerin fasziniert.

„Für mich ist Schizophrenie keine Krankheit, sondern der Aufbruch der Seele durch den Tod, und dies gleicht dem Prozess des inneren Sterbens", antwortete der Mann. „Erst das Urteil der Gesellschaft macht den Schizophrenen krank. Er selbst geht durch einen intensiven Prozess des Sterbens, in dem er sich nicht mehr wiedererkennt und deshalb von außen als Kranker verurteilt wird. Wenn wir den Prozess der Schizophrenie als eine Metamorphose vom Bettler zum Kaiser anerkennen würden, dann könnten wir viele Kaiser, Könige und Meister erleben. Eine kranke Gesellschaft macht den Einzelnen krank, und nicht umgekehrt.

Der Einzelne ist zu schwach, seine Mitmenschen krankzumachen. Aber sie dürfen ihn heilen, indem sie seine Schizophrenie als Geschenk des geistigen Todes des Kranken anerkennen und dabei selbst gesunden. Nur durch Liebe können wir heilen! Daraus wird ein großes Wunder entstehen, denn der schizophrene Mensch wird als Kaiser erkannt und die gesamte Gesellschaft darf zum strahlenden Kaisertum erwachen."

Nachdenklich wanderte die Bergträumerin weiter. Viele Fragen gingen ihr durch den Kopf: „Bin ich schon bereit, bedingungslos zu lieben? Stecken in mir noch die alten Vorurteile und Ängste, die mich hindern, mich selbst und die anderen zu lieben? Werde auch ich mich von allem befreien, um endlich strahlen zu können?“

ZUM NACHSPÜREN

Wie gesund fühlst du dich im Moment in körperlicher, geistiger, emotionaler und seelischer Hinsicht?

In welchen Situationen beurteilst oder verurteilst du dich und andere im Leben?

Wie bringst du dich selbst zum Strahlen?

Leben.«
JOSEF I.
1916

Die Hochsensible

Am frühen Morgen wanderte die Bergträumerin weiter zum Gipfel des Berges. Dichter Nebel lag über ihrem Weg. Die eingeschränkte Sicht und der Wind erschwerten ihr die Orientierung. Bedacht und feinfühlig tastete sich die junge Dame voran. Sie vertraute ihrer Intuition, auch die letzte Etappe bewältigen zu können.

Der Bergträumerin war zunehmend bewusst geworden, dass sie durch eine besondere Gabe ausgezeichnet war: Ihre Hochsensibilität ermöglichte ihr, die Gefühle und innersten Seelenzustände anderer Menschen zu erspüren und wahrzunehmen. Ihre Aufgabe bestand nun darin, sich selbst in den anderen zu erkennen und dabei dennoch bei sich selbst zu bleiben.

„Wahre Empathie ist, wenn man die Fähigkeit erreicht hat, Empfindungen, Emotionen, Gedanken und Motive – die wahre Persönlichkeit des Gegenübers – zu erkennen, zu verstehen und nachzuempfinden“, sagte die innere Stimme zu ihr.

„Die Hochsensibilität ist in unserer Welt eine wunderbare Gabe. Nutze diese Chance für dich! Hochsensible Menschen sind sehr feinfühlig und durchlässig für die Gefühlswelt der Anderen, deshalb aber auch sehr verletzlich. Erkenne deine Gabe, beachte ihre Grenzen in dieser Welt und lerne durch sie ein erfülltes Leben zu führen.“

In diesem Moment wurde ihr bewusst, dass ihr Herz in der Vergangenheit oft gebrochen worden war und sie nun die Schmerzen der Liebe heilen wollte. Sie fragte sich: „Werde ich jemals wahrhaftig lieben können?“ Ihre innere Stimme antwortete: „Ja, deine Liebe wird weiterfließen, so wie das Wasser vom Berg ins Tal fließt!“ Sie war erstaunt, dass sie sich selbst trotz der erlittenen Schmerzen der Liebe so sicher sein konnte: „Hast du jemals versucht, aus einem zerbrochenen Glas Wasser zu trinken?“

Stille kehrte in ihr ein, sie war von ihrer inneren Gefühlswelt berührt. Um die Schönheit des Lebens zu erkennen, durfte sie eine neue Perspektive einnehmen. Sie antwortete mit einem Lächeln: „Hast du je aufgehört, Wasser zu trinken, nur weil ein Glas zerbrochen ist? Du darfst dich in jedem Moment deines Lebens selbst erkennen. Die bisherige Perspektive deiner Lebenssicht ist limitiert. Lerne, dich davon zu befreien und du wirst erfahren, welches Geschenk sich dahinter verbirgt.

Das Herz ist oft durch einen dünnen Schleier verdeckt. Man denkt, wahrhaftig lieben zu können. Doch der Verstand kann nicht wahrhaftig lieben. Nur durch die Öffnung des Herzens fließt die Liebe ins Leben. Sich mit offenem Brustkorb hinzustellen und zu sagen: ‚Liebe mich so wie ich bin' erfordert Mut und Hingabe. Stelle dich dieser Aufgabe und nimm dich an, so wie du bist: klein oder groß, dünn oder dick, hoch- oder unsensibel. Lebe deine Wahrheit und ermutige auch dein Umfeld dazu, dies zu tun. Suche dich in dem anderen, um im Spiegelbild dein eigenes Selbst zu erkennen. Finde deine innere Wahrheit und du wirst imstande sein, in jedem Moment deines Lebens aus ihr herauszuwachsen."

ZUM NACHSPÜREN

Was sind deine drei wichtigsten Persönlichkeitsmerkmale?

Kennst du deine Gaben und Talente?

In welchen Situationen lebst du diese Talente aus?

ETWAS SCHWARZES
Freiheit

Der Tod

„Und so lang du das nicht hast, dieses: Stirb und werde!,
Bist du nur ein trüber Gast auf der dunklen Erde".
(Johann Wolfgang von Goethe: „Selige Sehnsucht", 1814).

Tief in ihren Gedanken versunken, stieg die Bergträumerin weiter auf den hohen Berg der Erkenntnis. Das helle Licht am Gipfel, das über die Bergkante schimmerte, gab ihr ein tiefes Gefühl von Freude und Zufriedenheit. „Wer bist du eigentlich, lieber Tod?", fragte sich die junge Frau. Eine Stimme aus ihrem Inneren antwortete: „Du bist mein und ich bin dein."

Sie zuckte zusammen, als sie diese Worte so klar und deutlich hören konnte. „Stirb heute Nacht in deinem Geist, denn das Alte passt nicht mehr zu dir und das, was du lebst, passt nicht mehr zu deinem Bewusstsein. Wenn du heute Nacht stirbst, dann kommst du in ein Niemandsland. Akzeptiere dieses Nichts, denn dort bist du nichts. Du bist einfach", sprach die innere Stimme zu ihr.

Ihre Unruhe wuchs und die Bergträumerin vermeinte, im nächsten Moment verrückt zu werden. Sie fragte dennoch weiter: „Wie kann ich niemand sein? Und wie kann ich im Geist sterben?" – „Du darfst sterben, um dein wahres Ich zu erkennen. Dein Ich im Sein. Um jemand zu sein, musst du nichts tun, außer zu sterben. Du bist schon wahrhaftig. Stirb heute Nacht in deinem Geist und du wirst in dir eine noch nie erlebte Ruhe erfahren. In dieser Stille wirst du dich selbst und dein schöpferisches Potenzial erkennen."

Die Bergträumerin nahm einen tiefen Atemzug und blickte in die Weite des Himmels: „Warum soll ich im Geist sterben?" – „Nach dem ‚Warum' fragt dein Verstand, weil er verstehen will. Die Fantasie ist jedoch wichtiger als das Wissen, denn Wissen ist begrenzt, erkannte schon Albert Einstein. Der Sinn in deinem Leben ist, die eigene Geschichte aufzugeben, sodass sie nur noch eine Geschichte ist, die du erzählen kannst. Wir müssen uns von unserer Vergangenheit und unserer Zukunft lösen, um ins Hier und Jetzt zu gelangen. Viele Menschen verharren in der eigenen Geschichte und bleiben emotional mit ihren Erfahrungen verhaftet. Wenn der Geist ständig in der Vergangenheit weilt, erleben wir das Vergangene immer wieder von Neuem. Deine Materie folgt deinem Geist. Lass den Geist heute Nacht sterben und entdecke deine Zauberkraft durch deinen geistigen Tod."

Erfüllt von diesen Gedanken ging die Bergträumerin weiter und kam zu ihrem Schlafplatz. Sie legte sich nieder und nahm wie selbstverständlich die bequeme Shavasana-Position ein, die auch „die Totenstellung" genannt wird.

Als die junge Frau am nächsten Morgen erwachte, war sie verwirrt. Sie hatte nicht nur die Orientierung verloren, sondern auch ihren eigenen Namen vergessen. „Hilfe, ich habe mich verloren. Wo bin ich? Wer bin ich?", schrie sie verzweifelt. „Du bist aus einem langen Traum erwacht, mein Kind", antwortete eine alte Bäuerin, die auf ihrem Rückweg vom Gipfel des Berges die Rufe der Bergträumerin gehört hatte.

ZUM NACHSPÜREN

Lebst du mit deinen Gedanken vermehrt in der Vergangenheit, im Hier und Jetzt oder in der Zukunft?

Welche Gedanken und Erfahrungen möchtest du loslassen?

Wie stellst du dir dein Leben im Einklang mit deinem wahren Ich vor?

DREAM TEAMS

Die Wiedergeburt

Wir leben hier auf Erden in einer Welt der Dualitäten: ohne Tag keine Nacht, ohne Gut kein Böse, ohne Klein kein Groß und ohne Geburt kein Tod. Dort, wo Raum und Zeit eine Illusion darstellen, gelten Geburt und Tod ebenso als Illusion.

Der Anfang jeder Illusion ist die Geburt. Das Ende aller Illusionen ist der Tod und die damit verbundene Wiedergeburt. Als irdische Wesen leben wir in unserer dualistischen Welt mit Geburt und Tod auf der physischen Ebene. Betrachtet man uns aber als Götter und himmlische Wesen, so entdecken wir, dass alles eine Illusion ist und wir unendlich sind. Dafür benötigt es einen tiefen Blick in unser Selbst, um sich zu erkennen. Erst dann kann das falsche Selbst, das sich durch psychologische, Verstandes- sowie vom Ego geschaffene Strukturen aufgebaut hat, sterben.

Bei der Wiedergeburt verweilen wir einige Zeit im unsichtbaren Geburtskanal, einem Ort der Stille und des Nichtstuns. Man lauscht der Stille. Trete in diesen Zustand ein, in die Pforte der stillen Heiterkeit und des tiefen Friedens mit dir selbst. In der Wiedergeburt steckt gleichzeitig alles und nichts. Sie ist eine Vergebung, eine Erlösung und eine Erfüllung – ein sich neu Kennenlernen. Wenn du aus deiner Wiedergeburt erwachst, dann lebst du ein Leben losgelöst von den Geschehnissen im Außen und erkennst, dass alles ein Spiegel deines Selbst ist.

Wenn der irdische Mensch in ein göttliches Menschendasein übergeht, dann lösen sich alle Illusionen und jegliches Leid auf. Der Mensch erkennt seine göttliche Schöpferkraft und kann diese in jedem Moment einsetzen. Das Leben im Sein wird zum zentralen Anker und der Glaube an die Göttlichkeit führt durch das Leben. Es wird zum Geschenk in jedem Moment. Der Mensch erkennt sich als reines Bewusstsein und Schöpfer zugleich. Das wahre Ich, das verbunden mit der Göttlichkeit ist, schöpft aus dem Vollen, aus der mit allem verbundenen Quelle des Lebens.

ZUM NACHSPÜREN

Nimm dir einen Moment Zeit und gehe zurück zu deiner Geburt. Erinnerst du dich, wie dieser Tag verlaufen ist?

Was darf in deinem derzeitigen Leben umgestaltet werden?

Welchen neuen Samen möchtest du setzen?

WUNDERWUZZI

Das Mantra des Inders

Auf den bisher zurückgelegten Etappen ihres Weges durfte die Bergträumerin bereits viele neue Erkenntnisse über ihr Leben gewinnen. Erfüllt von innerer Zufriedenheit wandert die Dame weiter auf dem steilen Pfad hinauf zum Gipfelkreuz. Sie beobachtet die jungen Dohlen, die über ihr verspielt im Wirbelwind der intensiven Thermik hoch hinauf in den Himmel zischen.

Auf einer weiten Bergwiese dringt leise Musik an ihr Ohr, bald werden die harmonischen Töne lauter und lauter. Sie entdeckt einen jungen Inder, der vor einer kleinen Berghütte auf einem Klavier spielt. Neugierig tritt die Bergträumerin näher. Gebannt lauscht sie den wunderbaren Melodien, die der Mann hinaus in das Echo der Berge schickt. Seine Fingerspitzen schwingen erfüllt von Leidenschaft und Harmonie über die Tasten des Instrumentes, mit tiefer Stimme singt er das Friedensmantra: „Lokah samastah sukhino bhavantu. Mögen alle Wesen Glück und Harmonie erfahren."

Die geheimnisvollen Worte ziehen die Bergträumerin in ihren Bann und auch sie beginnt zu singen. Bald schwingen die beiden Menschenseelen gemeinsam und öffnen einander ihre Herzen. Als sich ihre Blicke kreuzen, muss die Bergträumerin weinen. Sie ist erfüllt von Glück und Harmonie, zutiefst berührt von der Tiefe der intensiven Herzöffnung. Nun fühlt sie ihre eigene innere Vollkommenheit und kann sich ganzheitlich erleben. Es ist ein Moment, wie sie ihn, gefestigt durch die innere Balance des weiblichen und männlichen Dialogs, in solch einer Intensität noch nie zuvor erlebt hat.

Der junge Inder blickt ihr ein zweites Mal in die Augen und entdeckt ihre Tränen „Setz dich zu mir auf den Boden. Wir wollen Armdrücken!", fordert er. Verwirrt folgt die Bergträumerin seiner Einladung. Im nächsten Moment sitzen beide im Gras und versuchen einander wie Kinder im Wettspiel zu bezwingen. „Siehst du, wenn unsere Kräfte der Weiblichkeit und Männlichkeit in Balance sind, dann gibt es keinen Stärkeren. Die gesamte Kraft vereint sich und beide ergänzen einander zur Vollkommenheit", stellt der junge Mann fest, als es keinen Sieger gibt.

Und nochmals versinkt die Bergträumerin in seine Augen und es eröffnet sich ihr der Blick in ihre eigene Seele. „Du bist am Weg zum Gipfel. Durch den Weg des Herzens kann man jedes Ziel erreichen. Finde die Balance zwischen der weiblichen und männlichen Energie in dir und lass dich, wie die zischenden Vögel am Himmel, vom Wind tragen. Im Leben geht es um die Selbstvervollkommnung. Wirf zuerst einen Blick in dein Inneres, bevor du deine weibliche und männliche Kraft im Außen suchst. Der Schlüssel zu deiner Vollkommenheit liegt beim Schöpfer und der bist du selbst."

Der Inder erhebt sich langsam, kehrt zu seinem Klavier zurück und lässt ein neues Mantra im Echo der Berge erklingen.

Die Bergträumerin wandert weiter. Sie ist erleichtert, erkannt zu haben, dass sie selbst für die Balance zwischen weiblicher und männlicher Kraft verantwortlich ist. „Das Leben ist ein Spiegel deiner selbst", sagt sie zu sich. „Ich bin imstande, meine innere Harmonie jederzeit herbeizurufen."

ZUM NACHSPÜREN

Welche Frauen- bzw. Männerrollen prägten deine Erziehung?

Wie lebst du deine weibliche (kreative) und männliche (strukturierte) Kraft im Alltag?

Lebst du dich und deine Beziehungen zu anderen Menschen im Einklang von weiblicher und männlicher Kraft?

Die Träumer

An einem warmen Abend, als die Sonne schon hinter den Bergen verschwunden ist, kommt die Bergträumerin zu einer Lichtung, auf der ein Feuer brennt. Mit großer Mühe sind Stämme und Äste zu einem mächtigen Kegel aufgeschichtet worden. Knackend und knisternd schlagen die Flammen in den Abendhimmel und machen das Holz lebendig. Sie bemerkt eine Gruppe von Menschen, die sich zu einer Zeremonie versammelt haben. Aus der Ferne beobachtet sie das Vorgehen der Schamanin und der anderen Teilnehmer, die dem Ritual ihre volle Aufmerksamkeit schenken.

Eine junge Frau tritt an die Bergträumerin heran und lädt sie mit einem herzhaften Lächeln ein, am Ritual teilzunehmen: „Herzlich willkommen zur jährlichen Feuerzeremonie. Unsere Schamanin, The Great Grandmother Helene aus Schweden, ist heute hier, um uns die Botschaft des Feuers zu überbringen. Sie beobachtet es den ganzen Tag und liest seine Worte, denn es spricht zu uns."

Die Bergträumerin vertraut ihrer Intuition und folgt der Einladung. Freundlich wird sie in den Kreis der Menschen aufgenommen, die dabei sind, ihre Opfergaben für die geistige Welt in das Feuer zu legen. Ein charmanter Mann spricht sie an: „Herzlich willkommen, junge Frau. Ich bin Hermann, der Feuerhüter. Ich unterstütze Menschen dabei, ihre Träume zu verwirklichen. Was ist dein Traum in deinem Leben?"

Die Bergträumerin blickt ihn an und verspürt sofort ein intensives Gefühl der Geborgenheit und Zugehörigkeit. Sie lächelt und antwortet: „Ich möchte den Gipfel des Berges erklimmen und mich dabei selbst erkennen. Durch jede Begegnung im Außen erkenne ich mich mehr im Innen, so habe ich jedes Zusammentreffen mit anderen Menschen als Geschenk angenommen. Ich durfte durch tiefe Täler gehen, die Höhen des Berges genießen und so das himmlische Sein und das schöpferische Potenzial in mir entdecken. Ich träume von einer Welt in Frieden und Freude, nämlich im Inneren eines jeden Menschen. Täglich erwache ich neu und entdecke das Geschenk meiner inneren Kraft. Ich musste erst sterben, um die Illusion zu lösen und durfte erwachen in einem Leben meines eigenen Traumes. Unsere Intuition und das Träumen sind die wichtigsten Elemente des freien Lebens, denn hier entsteht durch die selbstbestimmte Kreativität die Zukunft eines jeden einzelnen Menschen."

Das Feuer brennt lichterloh, als sich der Feuerkegel plötzlich dreht und zusammenstürzt. The Great Grandmother Helene erhebt sich und erklärt: „Das Feuer ist im Osten zusammengebrochen: Wir stehen vor einem großen Neubeginn. So wie die Morgensonne strahlt, wird auch unser eigenes inneres Licht leuchten und den Weg für uns selbst und jeden anderen erhellen."

Ein Staunen und Gemurmel verbreitet sich in der Gruppe.

„Erkenne, dass das Leben ein Traum und das Getrenntsein eine Illusion ist. Wir sind im Leben immer verbunden, mit jedem und allem, was ist und was jemals war", flüstert die Bergträumerin. Da blickt sie Hermann, der Feuerhüter, an und sagt: „Du bist eine wahre Träumerin. Ich werde dich von nun an ‚Die Bergträumerin' nennen."

Sie lacht und stellt nun auch ihm die Frage: „Was ist dein großer Traum in deinem Leben?" Er antwortet: „Ich möchte vielen Menschen helfen, ihren Traum zu leben. So erlebe ich selbst meinen größten Traum." Die beiden Menschen strahlen und umarmen einander innig. Aus der intensiven Freude, sich selbst im anderen wiedererkennen zu dürfen, entsteht eine tiefe Verbundenheit.

ZUM NACHSPÜREN

Was ist dein Lebenstraum?

Erkenne dich in jeder Begegnung wieder. Welche Begegnungen fordern bzw. heilen dich?

Frage drei Personen in deinem Umfeld nach deren derzeitigen Träumen im Leben und lass dich von ihren Antworten inspirieren.

Aladins
Kaffee
gewürz
Lebenskunst

Der Pilot

An einem wunderschönen, himmelblauen Nachmittag trifft die Bergträumerin auf einer grünen Wiese einen Piloten, der gerade eine Flugpause einlegt. Neugierig nähert sie sich dem sportlichen Mann. Sie beobachtet ihn eine Weile, wie er sein Flugzeug sorgfältig überprüft.

Als er sie bemerkt, ruft er: „Du hast mich erschreckt. Wie lange bist du schon hier?“ – „Ich habe dich vorhin gesehen und deine Freude am Fliegen hat mich begeistert. Willst du diese Freude mit mir teilen?“, fragt die Bergträumerin voller Neugierde.

„Die Liebe zur Freiheit zwischen Himmel und Erde, verbunden mit dem Gefühl im Hier und Jetzt zu sein, erzeugt eine unglaubliche Kraft in mir“, erklärt der Pilot. „Weißt du, jeder Mensch sitzt in seinem Flugzeug und steuert es durch sein eigenes Leben. Manche haben ein großes, andere ein kleines, ein neues, ein altes oder ein kaputtes Flugzeug. Manchmal teilen wir unsere Flugmaschine mit anderen, fliegen eine Strecke gemeinsam und können dabei Unglaubliches erleben. Das Ziel im Leben ist, jeden Moment als Geschenk zu erkennen und sich in dieses zu verlieben. Bist du schon einmal mit einem Segelflugzeug geflogen?“

„Ich liebe die Luft als Element und auch das Fliegen. Einen Segelflug habe ich aber bisher noch nie unternommen“, antwortet die Bergträumerin.

„Ich würde dir gern ein Geschenk machen und dich zu einem Flug einladen. Möchtest du mich auf meinem nächsten Segelflug begleiten?“, fragt der Pilot locker, denn er ist sich sicher, dass sie mitfliegen werde. Mit großer Freude in den Augen nimmt sie die Einladung an und bedankt sich herzlich.

Wie in einem Traum starten die beiden Vertrauten mit dem Segelflugzeug in die Höhe. Der Pilot erklärt weiter: „Entdecke mit mir die Höhen und Tiefen des Fliegens und mache dir bewusst, dass wir, wenn wir hoch fliegen wollen, auch tief fallen können. Denn ohne Höhe keine Tiefe. Vertraue den Flügeln des Flugzeugs – sie tragen dich. Wie die Engel fliegen wir über den Wolken und lassen uns ins Leben fallen, indem wir seine Dualität akzeptieren. Ich zeige dir heute durch das Fliegen das Gefühl, die Selbstverantwortung für dein Leben zu übernehmen. Du bist deine eigene Pilotin, denn niemand anderer als du selbst bestimmt den Kurs deines Weges. Der Wind zeigt dir die Richtung. Vertraue ihm! Er steht für Flexibilität, Schnelligkeit und Veränderung! Diese Eigenschaften will ich dich heute beim Fliegen lehren."

Die Bergträumerin wird sich in diesem Moment bewusst, dass ihr Leben auf dieser Erde ein großes Geschenk ist. Denn erst als sie gelernt hatte, sich selbst anzunehmen, konnte sie solche Begegnungen in ihr Leben ziehen. Ihre Selbsterkenntnis führt sie zur absoluten Selbstakzeptanz als wertvolles und vollständig geliebtes Wesen. In ihrer eigenen Liebeserklärung spürt sie nun einen Überfluss an Liebe. Es ist die wahrhafte göttliche Liebe, die sie durchströmt. Überwältigt von dem wunderschönen Augenblick, den sie während des Fluges in den Höhen des Himmels erleben darf, versinkt die Bergträumerin in einer tiefen Zufriedenheit.

ZUM NACHSPÜREN

Hast du dich als größtes Geschenk auf Erden bereits akzeptiert?

In welchen Momenten im Leben hast du dich selbst noch nicht akzeptiert, so wie du bist?

Nimm dir zehn Minuten Zeit und reflektiere, welche Menschen du in dein Leben ziehst. Sie sind ein Spiegel deines Selbst. Was wollen sie dir aufzeigen?

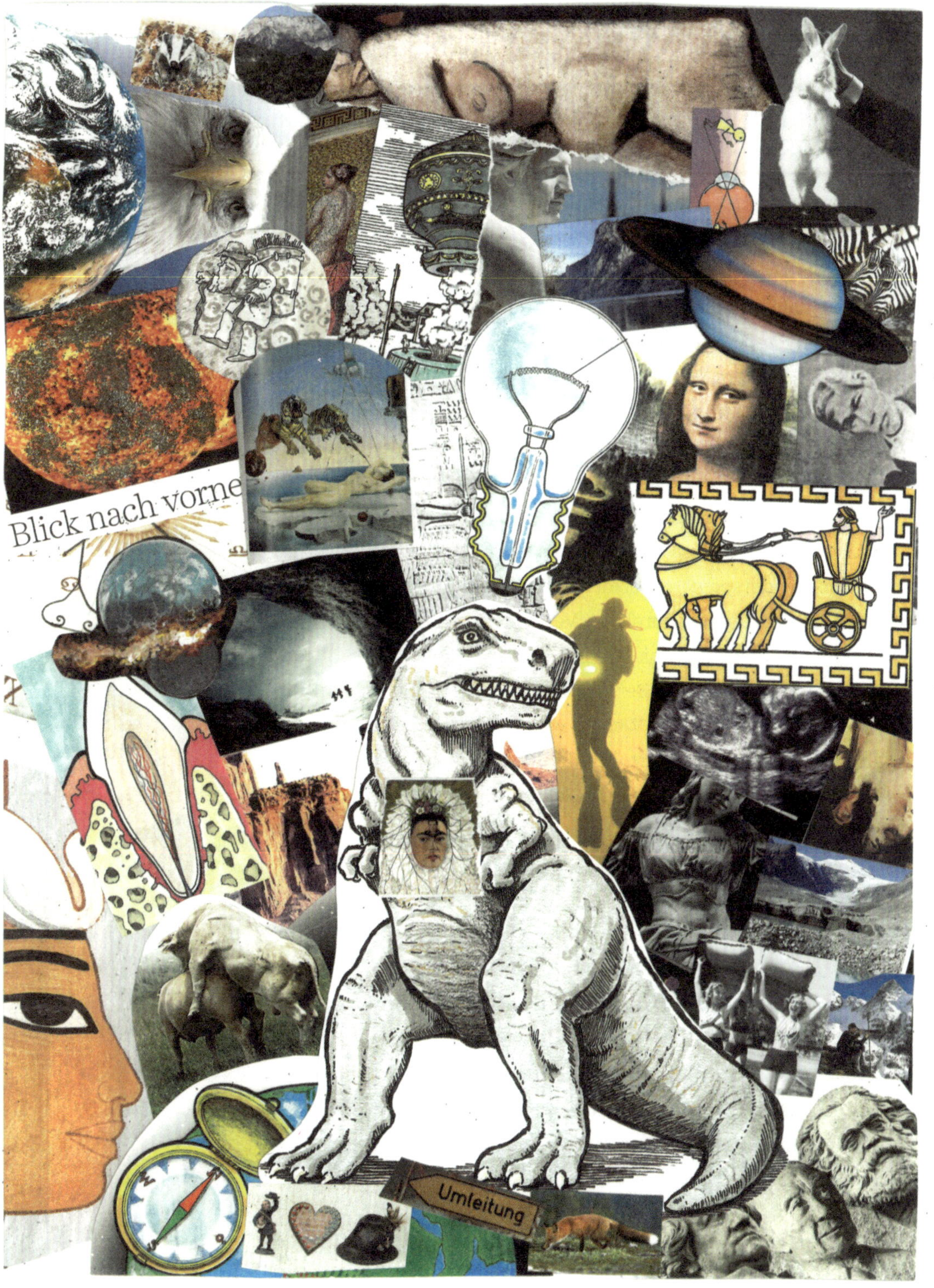
Blick nach vorne
Umleitung

Der Höhlenforscher

Auf ihrem weiteren Weg begegnet die Bergträumerin einem Höhlenforscher. Von ihrer herzlichen Art angetan lädt er sie ein, in eine Höhle mitzukommen. Beim ersten Gedanken an ein dunkles und kaltes Loch im Berg schaudert es der jungen Dame. Aber schließlich siegt ihre Neugier und sie nimmt die Einladung an.

Im Inneren der Höhle zerreißt das helle Licht ihrer Lampen die ewige Dunkelheit. Das Yin-Yang von Hell und Dunkel begegnet sich hier in ganz besonderer Weise. Durch die Bewegung der Lichtquellen scheinen die Schatten zu tanzen. Sichtbar wird das ewige Werk des Wassers, das diese Höhle im Laufe von Jahrtausenden erschaffen hat. Hier ist die Ewigkeit fühlbar. Die Zeit scheint stillzustehen und da jegliches Tageslicht fehlt, hat auch die Bergträumerin ihr Zeitgefühl verloren.

Als sich die Wellen eines nahen Wasserbeckens in zauberhafter Weise an der Höhlendecke widerspiegeln, vermeint sie aus einem Traum zu erwachen. Bewegung und Veränderung sind nur durch das Verstreichen von Zeit möglich, erinnert sie sich.

Immer tiefer dringen sie in die Höhle vor. „Wie weit geht es noch in den Berg hinein?", erkundigt sich die Bergträumerin. „Bis ins Nirvana", antwortet der Höhlenforscher fröhlich, „aber der Weg ist weit, anstrengend und aufwändig." – „Wie meinst du das?", fragt sie verwirrt. Daraufhin erklärt der Höhlenforscher: „Die Höhle endet irgendwo in den unerforschten Tiefen des Berges. Dort, wo sich alle menschlichen Spuren verlieren." Die Bergträumerin nickt.

Die Route führt über einen tiefen Abgrund. Die junge Frau klammert sich ängstlich an eine Felskante. Doch je fester sie sich halten will, desto mehr spürt sie, wie ihre Kräfte schwinden. Zusehends erkennt die Dame, dass ihre einzige Chance im Loslösen und Weiterklettern besteht, um den Sturz in die Tiefe zu vermeiden. Diese Erkenntnis ermutigt sie und gibt ihr die notwendige Kraft, den Abgrund zu überwinden und ihre innere Ruhe zurückzugewinnen.

Als die beiden Höhlengeher kurz innehalten, herrscht absolute Stille. Nur das gelegentliche Tropfen des Wassers ist zu vernehmen. Ihr Weg führt durch große Hallen, in denen sie aufrecht gehen, und durch Felsspalten, die sich nur kriechend bezwingen lassen. Jedes Mal, wenn sie aus der Enge in die Weite kommen, drängt sich der

Bergträumerin der Vergleich mit einer Geburt auf. Die sich wiederholende Abfolge von eng und weit, begrenzt und frei, erscheint ihr, als ob sie immer wieder sterben und wiedergeboren würde.

Als sie an einer Engstelle durch den feuchten Sand krabbeln, verspürt die junge Frau eine innere Freude. Es ist ihr, als dürfe sie nun wieder Kind sein, zwang- und sorglos im Sand spielend.

Der weitere Weg durch die Höhle ist für die Bergträumerin ein Kinderspiel. Als ob sie es schon tausendfach geübt hätte, bewegt sie sich gewandt durch die unterirdische Landschaft. Es dauert nicht mehr lange, bis die beiden zum Ausstieg gelangen und das Tageslicht erreichen. Die Bergträumerin bedankt sich herzlich beim Höhlenforscher für diese wunderbare Erfahrung und setzt ihren Weg fort.

ZUM NACHSPÜREN

Die Zeit steht still und du darfst wieder Kind sein: Was möchtest du erleben?

Welches Abenteuer möchtest du in deinem Leben erleben? Welche Erfahrungen möchtest du gerne sammeln?

Was unterstützt dich dabei, um mutig in deine Zukunft zu gehen?

a wonderful world!
Seelenbalsam
YOGA
while

Das Geheimnis der Ahnen

Es ist kein Zufall, dass wir in eine bestimmte Familie geboren werden. Wenn wir unsere Eltern und Großeltern sowie alle lebenden und bereits verstorbenen Mitglieder unserer Herkunftsfamilie abbilden, so entsteht um uns ein unsichtbares Energiefeld, welches uns in bestimmten Grundschwingungen, Gefühlen, Konflikten und Überzeugungen prägt. Das Unsichtbare bleibt dem irdischen Auge verschlossen, sofern es sich der himmlischen Welt, der Akasha, nicht vollkommen öffnet.

„Woher kommen wir? Wer sind wir in unserem tiefsten Kern wirklich?", fragt sich die Bergträumerin, als der Pfad zum Gipfel steiler wird. Nach all den Prüfungen, Begegnungen und Erkenntnissen auf ihrem bisherigen Lebensweg stehen weiterhin so viele Fragen offen. Erschöpft sucht die junge Dame einen Platz zum Rasten. Bei einer großen Steinplatte kniet sie nieder. Ihre Augen sind schwer wie Blei und drohen jeden Moment zuzufallen.

Plötzlich erscheint eine Gruppe von Menschen vor ihr und ein Mann spricht sie an: „Deine Erfahrungen hier am Berg hast du gut gemeistert, doch die Laterne erhellt nur die Strecke des Weges, die du bereits zurückgelegt hast. Verbinde dich mit uns und wir leuchten dir den ganzen Weg frei."

Erschrocken springt die Bergträumerin auf, denn sie erkennt in dem Mann ihren eigenen Onkel, der sich nach einer schicksalhaften Erfahrung das Leben genommen hat. „Aktiviere die Kraft unseres Familiensystems, um deine eigene Lebensenergie wieder in Fluss zu bringen. Alle Blockaden, Verstrickungen und Schwüre werden sich lösen und du wirst frei sein. Gehe in den Wald und sammle neun Steine von unterschiedlicher Größe, Form und Farbe", sagt der Mann mit sanfter Stimme zu ihr. Sie gehorcht und eilt los, um die neun Steine zu finden. Als sie zurückkommt, ist auf der Steinplatte ein kleines Feuer für sie vorbereitet.

„Lege nun die neun Steine in einer Linie in gleichen Abständen auf. Der erste Stein repräsentiert die Systemenergie deiner Familie, anschließend liegen die ersten sieben Generationen deiner Ahnen. Der letzte Stein bist du selbst. Stelle dich über jeden Stein und spüre die Energie, die wieder aktiviert werden darf. Komme durch deinen Atem ins Hier und Jetzt und fokussiere dich auf dein Sein im Moment."

Sie befolgt seine Anweisungen und schreitet bedacht von Stein zu Stein, hält inne, spürt die Kraft der Ahnen und wandert weiter. Ruhe kehrt ein. Nach dem neunten Stein überreicht ihr der Onkel ein Schriftstück mit den Worten: „Komm zurück ins Jetzt und lies dir die folgenden Sätze laut vor.“

„Ich steige aus allen alten mir anhaftenden Rollen aus!
Ich bin weder Opfer noch Täter noch Retter. Ich bin ich!
Ich übernehme die Verantwortung für mich selbst
und schiebe sie keiner anderen Person zu.
Ich liebe mich selbst, so wie ich bin.
Ich vergebe mir selbst und allen anderen Menschen.
Ich nehme die unterstützende Kraft meiner Ahnen an.
Ich lasse alle belastenden Glaubenssätze los.
Alles, das mich blockiert, übergebe ich nun dem Feuer der Transformation.“

Sie senkt ihren Blick zum Feuer. Tränen fließen über ihr Gesicht. Ein weites Tor in ihr Inneres scheint sich zu öffnen, und ein tiefes Gefühl von Liebe, Geborgenheit und Vergebung breitet sich in ihrem Körper aus.

Das Feuer der Transformation wird immer größer und sie beobachtet, wie ihr Onkel und die anderen Ahnen in den Flammen verschwinden. Kurz überlegt sie, ihn aufzuhalten. „Nein!“ In diesem Moment lösen sich die Spuren aller Erfahrungen, die sie bisher gemacht hat, und sie kann alles gehen lassen.

Es herrscht absolute Stille: kein Gedanke, kein Wollen, kein Müssen und keine Sorge. Das reine Nichts hat sich in ihr manifestiert. Erleichtert und amüsiert über diese Erkenntnis beginnt die Bergträumerin herzhaft zu lachen. „Jetzt brauche ich nichts zu sein, denn im Sein bin ich schon vollkommen!“

ZUM NACHSPÜREN

Erstelle einen Ahnenbaum mit den Geburts- und Sterbedaten deiner Vorfahren. Das kann viel Recherche und Zeit in Anspruch nehmen, doch je mehr du über ihr Leben in Erfahrung bringst, desto mehr kannst du über dich selbst herausfinden.

Erkenne eventuelle Blockaden in deiner Ahnenreihe und bringe die Energie durch das Ritual der neun Steine wieder ins Fließen. Löse dich bewusst von den übernommenen Opfer-Täter-Retter Rollen. Welche negative Energie deiner Ahnen willst du für dich transformieren?

Welche Kraft aus dem Ahnensystem möchtest du für dein Leben in Liebe, Freiheit und Kreativität aktivieren?

AWN OF THE CENTURY
SPIELE / FESTIVALS
ALZBURG
30. – AUGUST

Der Buchbinder

Am Hinteren Steinberg angekommen, legt die Bergträumerin eine Pause ein, um zu rasten. Eine besonders angenehme Stille liegt in der Luft und die junge Frau setzt sich in das frisch duftende Gras einer mit Heilkräutern bewachsenen Wiese.

Plötzlich kommt ein Mann gelaufen. Seine Schuhe sind zerrissen und die Zehen springen förmlich heraus. Sein Gesicht ist freundlich, harmonisch und einladend. Er strahlt eine innere Zufriedenheit aus, die aus seiner meditativen Laufhaltung auf die Bergträumerin überfließt. Die beiden lächeln sich an und kommen sofort in ein Gespräch. „Warum wirfst du die kaputten Schuhe nicht weg und kaufst dir neue? Hast du keine Angst, dich zu verletzen?“, fragt sie den Läufer. „In der Natur gibt es keine kaputten Dinge“, antwortet er. „Alles befindet sich in einer ständigen Veränderung und erfüllt so lange einen bestimmten Zweck, bis es zerfällt, um dann eine neue Funktion einzunehmen. Auch die Lebewesen passen sich an die neuen Gegebenheiten an und nutzen die vorhandenen Dinge. So laufe auch ich mit den zerrissenen Schuhen weiter, bis sie ganz zerfallen. Allerdings bin ich achtsamer geworden, schaue auf den Weg und weiche kleinen Hindernissen aus, um mich nicht zu verletzen.“

Es stellt sich heraus, dass der Mann ein Buchbinder ist und so nimmt die Bergträumerin ihr Notizbuch aus der Tasche, in dem sie die bisher auf dem Weg zum Gipfel erlebten Begegnungen und die daraus gewonnenen Erfahrungen aufgeschrieben hat. Sie schlägt das letzte Kapitel auf und beginnt laut zu lesen. Als sie fertig ist, bemerkt der Buchbinder voller Erstaunen: „Du beschreibst in dieser Geschichte genau die gleiche innere Entwicklung, wie ich sie in den letzten Jahren durchgemacht habe! Ich habe erkannt, dass nur die bedingungslose Liebe zu allem und allen der Schlüssel zur Befreiung von den inneren Qualen der Seele wie auch des Herzens ist.“

Die Bergträumerin lächelt und motiviert ihn herzhaft, mit ihr einen Kopfstand zu versuchen. Wie Kinder purzeln sie am Boden herum, bis es auch dem Buchbinder gelingt, die ungewohnte Position einzunehmen. Sie erklärt ihm, wie wichtig es sei, das Leben mit einer starken inneren Haltung zu betrachten, in der man völlig bei sich sei.

Stille kehrt ein. Nur der Atem des Buchbinders ist zu hören. „Atme ein und verbinde dich mit der aufsteigenden Energie des Lebens, die Inspiration in sich trägt. Atme aus und verbinde dich mit der absteigenden Lebensenergie, die die Kraft des Loslassens in sich trägt", erklärt die Bergträumerin.

Der Buchbinder erkennt, dass unser irdisches Leben aus der Verbindung zwischen Himmel und Erde resultiert: „Mutter Erde versorgt uns mit den für unseren Körper notwendigen vier Elementen; und Vater Himmel ist für das Transzendente, die göttliche Liebe, in uns zuständig. Deshalb können wir uns auf unsere Eingebundenheit zwischen Mutter Natur und Vater Himmel verlassen. Das Vertrauen auf die göttliche Vorsehung, die es immer gut mit uns meint, auch wenn manches im ersten Moment bitter schmeckt und ein tieferer Sinn nicht immer sofort zu erkennen ist, lässt unser Leben leicht werden."

Aus dieser ersten Begegnung am Hinteren Steinberg entwickelt sich eine enge Verbindung zwischen der Bergträumerin und dem Buchbinder und sie pflegen über die Jahre hinweg eine tiefgehende Freundschaft. Das Buch der Bergträumerin wird zur Basislektüre für lange Gesprächsabende vor dem warmen Kamin. Sie philosophieren über das Leben, diskutieren bevorstehende und vergangene Ereignisse und Entscheidungen, und lernen dabei, auch die Perspektive des Anderen in eine ganzheitliche Sichtweise miteinfließen zu lassen.

Eines Tages schlägt der Buchbinder vor, das Buch der Bergträumerin in seinen Verlag aufzunehmen und so beginnt eine besondere gemeinsame Reise. Das Buch wird mit viel Herzensliebe handgebunden und fließt in die Hände und Herzen aller Welt. Die Bergträumerin erkennt, dass das Wichtigste im Leben immer kommt, wenn man im Vertrauen bleibt und den Geist mit Klarheit ausrichtet.

ZUM NACHSPÜREN

Atme ein und atme aus – nimm dir einen Moment der Stille und verbinde dich mit Mutter Erde und Vater Himmel, sodass die Energie der beiden durch dich fließen kann. Hast du schon einmal versucht, bedingungslos zu lieben?

Was unterstützt dich dabei, dein Leben in Leichtigkeit zu erleben?

Was bedeutet für dich eine tiefgehende Freundschaft?

LOVE
Reichsbanknote
ZWANZIG
ILLIARDEN MARK
Reichsbankdirektorium
BETTHUPFERL
hello.
"Geh, Franziskus, und baue mein Haus wieder auf das, wie du siehst, in Trümmer fällt"
Das Kreuz, das in S. Damiano zum hl. Franziskus gesprochen hat und das heute in der Basilika der hl. Klara (Assisi) verehrt wird.
Schönfärberei

Die Wahrheit

Du wirst im Leben von den Menschen gesehen, die dich sehen wollen.
Du wirst im Leben von den Menschen gehört, die dich hören wollen.
Du wirst im Leben von den Menschen geküsst, die dich küssen wollen.
Du wirst im Leben von den Menschen geliebt, die dich lieben wollen.
Und was machst du?

Du siehst im Leben die Menschen, die nicht da sind.
Du hörst im Leben die Stimmen, die nicht existieren.
Du küsst im Leben die Frösche, die niemand küsst.
Du liebst im Leben alle anderen, nur nicht dich selbst.

Bist du da? Bist du wirklich da? Wache auf!
Sehe, höre, küsse und liebe wie ein Kind, wie ein Engel auf Erden. Bedingungslos. Bedingungslose Liebe heilt alle Wunden. Hole dir den Himmel auf die Erde, indem du beginnst zu lieben. Löse dein eigenes Leid und lebe dein göttliches Dasein. Liebe die Natur; sie gibt dir frische Luft zum Atmen, sie schenkt dir Sonnenstrahlen, sie nährt deine Zellen mit kraftvoller Nahrung.

Erkenne die Wahrheit in dir. Der Schatz des Lebens liegt nicht im Außen, sondern in dir selbst. Die Wahrheit, die dir offenbart wird, zeigt sich im jeweiligen Bewusstseinszustand. Das Gegenteil zur Wahrheit ist die Lüge, der Schwindel, die Täuschung. Was wäre, wenn ich dir sagen würde, dass Wahrheit und Unwahrheit in dir liegen und du jederzeit die Möglichkeit hast, dich zu entscheiden, was du lebst? Nur du selbst entscheidest.

Die Liebe ist der Weg in die Wahrheit und die Lüge ist der Weg in die Unwahrheit. Lass alles fallen, auch deine Masken, und gehe in die Liebe. Lass dich in die Liebe fallen. Finde heraus, wie sehr du dich selbst und andere lieben kannst. Das Außen ist der Spiegel zum Inneren. Du triffst dich am Weg immer nur selbst, du redest am Weg immer zu dir selbst und dir widerfährt immer der Spiegel deines Selbst. Warum tust du dir noch weh? Liebe dich doch!

Wenn du am Gipfel der Erkenntnis angekommen bist, dann wird dir klar werden, dass man nicht den Berg bezwingt, sondern das eigene Ich. Das Leben ist schon das größte Geschenk, das man erhalten hat, denn man darf sich darin erkennen und lieben.

Namasté!

Als ich begann mein Herz zu öffnen

Auf dem Weg durch meine eigene Transformation danke ich Charlie Chaplin für seine Inspiration.

Als ich begann, mein Herz zu öffnen, begann ich zu heilen.
Ich habe verstanden, dass nur ich selbst meine Wunden und den Schmerz, den ich erfahren habe, heilen kann und ich für mein eigenes Schicksal verantwortlich bin. Dafür bin ich unglaublich dankbar und weiß, dass ich mich in jedem Moment für die Heilung entscheiden kann, die eine übersinnliche Kraft in mir aktiviert.

Das nennt man SELBSTLIEBE.

Als ich begann, mein Herz zu öffnen, fühlte ich, dass ich auf meinem Weg bin.
Seit ich meinen Standpunkt im Leben akzeptiere, kann ich erkennen, dass ich selbst mein eigener Schöpfer bin und ich mich selbst in diese Situation bringe. Ich weiß nun, dass ich, wenn ich mich in diese Situation bringe, mich mit der Kraft meiner Gedanken auch selbst wieder befreien kann. Ich bin selbst verantwortlich für meinen Weg und vertraue auf die Hingabe.

Das nennt man FÜHRUNG.

Als ich begann, mein Herz zu öffnen, verließ ich mich auf die göttliche Fügung.
Ich habe verstanden, alles aus dem Blickwinkel der Liebe zu betrachten, auch wenn es mir schwerfällt, den Schmerz zu ertragen. Die Liebe heilt alle Wunden und so kann ich lernen zu vertrauen und mich komplett dem Leben hinzugeben, zu fühlen, dass alles für mich geschieht und mich jeder Moment im Leben mehr in meine Wahrheit führt.

Das nennt man HINGABE.

Als ich begann, mein Herz zu öffnen, verliebte ich mich jeden Moment in mich selbst.

Als ich lernte, mein Herz mir selbst gegenüber zu öffnen, wurde mir bewusst, dass ich die Liebe im Leben in mir selbst aktivieren und niemanden im Außen dafür verantwortlich machen kann, wie sehr ich mich geliebt fühle. In diesem Moment lerne ich mich so anzunehmen, wie ich bin und sehe nun in jedem neuen Tag eine Wachstumschance für meine Liebe.

Das nennt man SELBSTAKZEPTANZ.

Als ich begann, mein Herz zu öffnen, war ich frei.

Heute treffe ich meine Entscheidungen frei von Meinungen von außen und lebe den Traum, den ich für mich als lebenswert betrachte. Anstatt in Trennung von mir selbst zu leben, entscheide ich mich in jedem Augenblick für eine tiefe Verbindung zu mir selbst und öffne mein Herz zu meinem Leben, zu den Menschen und zur Erde.

Das nennt man FREIHEIT.

Die drei wichtigsten Fragen zum Abschluss

Das Leben ist bereits das größte Geschenk, das wir erhalten haben. Um die wahre Größe dieses Geschenks zu sehen, zu spüren und zu erleben, muss man bereit sein, die Wahrheit zu empfangen. Um die Wahrheit zu empfangen, muss man bereit sein, sich von allem zu lösen, vor allem von der Unruhe des Geistes. Erst wenn der Geist in der Klarheit des Moments zu fließen beginnt, kann man die Wahrheit empfangen.

Im Laufe der Lebenszeit passieren viele Erlebnisse und dabei helfen folgende drei Leitsprüche, die ein guter Freund der Bergträumerin immer zugeflüstert hat:

„Es spielt keine Rolle.
Alles geht vorüber.
Denk' nicht darüber nach."

Erinnere dich in jedem Moment, dass man mit den Gedanken die eigene Realität erschafft. Eine kraftvolle Entscheidung für die Wahrheit ist ein Muss für jegliche Veränderung. Der innere und der äußere Dialog mit dir selbst dürfen die Zuversicht festigen.

„Wünsche an das Leben beginnen mit einem Gedanken,
münden in ein Wort und schließen mit der Handlung ab."

Schau dir die Menschen von innen an. Nur in unserer Nacktheit erkennen wir uns. Wenn wir verstanden haben, uns mit nichts zu identifizieren, dann haben wir den wahren Kern des Seins erkannt. Lebe diese Feier des Lebens, die eine fortlaufende Zeremonie ist.

ZUM NACHSPÜREN

Frage dich nun, am Gipfel deiner Erkenntnisse:

Was ist dein derzeitiger Herzenstraum im Leben?

Wer oder was unterstützt dich bei der Umsetzung dieses Traums?

Was darf sich lösen und festigen, damit du diesen Traum verwirklichen kannst?

In jedem Ende und in jedem Anfang liegt ein Zauber inne. Jedes Ende ist zugleich der Beginn einer neuen Reise, denn das Leben ist ein fortlaufender Prozess des Seins. Hinter jedem Berg der Erkenntnis steht ein weiterer Berg, den es für unser Wachstum zu erforschen gilt. Neue Begegnungen schenken uns neue Erkenntnisse über uns selbst.

Und nun blättere zurück an den Anfang des Buches und lasse dich weiter von der Bergträumerin auf deiner Reise begleiten.
Stelle dir in regelmäßigen Zeitabständen die Fragen „Zum Nachspüren" und reflektiere deine Antworten – haben sie sich verändert?

ZUM VERLAG

Verlag Villa Wiental

Der Verlag Villa Wiental wurde im Sommer 2021 von Dieter Halama, Kunsthistoriker, Autor, Buchhändler, -binder und -restaurator in Pressbaum bei Wien gegründet. In der Reihe „Räume für Träume“ verlegt er Bücher aus unterschiedlichen Wissensgebieten.
Am Beginn eines jeden Buchprojektes steht der Traum, eine Vision, Vorstellungen über ein bestimmtes Thema festzuhalten und in der Form eines Buches zu veröffentlichen. Die beiden Buchdeckel sind die äußeren Grenzen jener Räume, in denen man unendlich viele Möglichkeiten zur Entfaltung der eigenen Träume findet.
Dieter Halama wurde durch seine Mutter, die Wiener Modedesignerin Eva Riedl, inspiriert. Sie beschrieb ihre künstlerische Arbeit mit folgenden Worten: „Der seit Jahrhunderten bewährte Schnitt des japanischen Kimonos gibt mir die äußeren Grenzen vor, innerhalb derer ich unendlich viele Möglichkeiten zur Entfaltung meiner Kreativität finde.“
Unter dieser Prämisse ist auch das Medium Buch im Verlag Villa Wiental zu sehen. Es zeichnet sich durch seine einfache, jedoch besondere Ausführung aus. Von der Annahme des Manuskripts über das Lektorat, die künstlerische Gestaltung, den Satz, den Druck bis hin zur händisch durchgeführten Buchbindearbeit der bibliophilen Sonderausgaben werden sämtliche Schritte in respektvollem Austausch zwischen allen Beteiligten durchgeführt. Die gemeinsame Begeisterung für den Traum der Autorin oder des Autors ist den Büchern nicht nur anzusehen, er ist auch in der besonderen Haptik des speziellen Papiers, der festen Deckel und dem fadengehefteten Buchblock zu erspüren. Das goldene Lesezeichenband unterstreicht diese wertschätzende Haltung.

Pressbaum bei Wien, im Juli 2023 Dieter Halama

www.dieter-halama.at

ZUR AUTORIN

Jeannette Stockinger

Für Jeannette Stockinger ist die Bergwelt ein Ort der Freiheit. Sie liebt die Stille und den Frieden in der Natur. Als sie vor einigen Jahren beschloss, ihr Leben radikal zu verändern, wurden die Berge zu ihrem persönlichen Ort der Reflexion, zum Krafttanken und Loslassen.

Nach dem Studium an der Wirtschaftsuniversität Wien mit Auslandsaufenthalten in England, Kanada und der Schweiz und dem Masterstudium für Kommunikation erlangte Jeannette Stockinger berufliche Erfahrung in den Bereichen Marketing und Produktentwicklung.

Ihre wahre Leidenschaft entdeckte sie mit 20 Jahren auf einer Reise durch Amerika: die *Praxis von Bikram Yoga.* „Diese eine Yogaklasse hat mein Leben komplett verändert", erzählt sie mit Begeisterung. Seitdem vertieft sie ihr Wissen und ihre tägliche Praxis in diversen Yogastilen und Meditationsformen bei lokalen und internationalen Lehrern. Außerdem erlernt sie die Technik der Systemaufstellungsarbeit im dialogischen Kontext bei *Eelco de Geus* und *Karin Schöber.* Die Verbindung von Yoga und Systemaufstellungen führt sie letztendlich zur systemischen Körperarbeit, die sie durch ihren Lehrer *Siawasch Peyman* intensivieren konnte. Schnell wird ihr klar, dass ihre Fähigkeiten des Fühlens und Wahrnehmens eine große Gabe in ihrem Leben darstellen.

Jeannette Stockinger gibt ihre Erfahrungen im Bereich Yoga, Meditation, Achtsamkeit und ganzheitlicher Gesundheit sowie Bewusstseinsentwicklung in Form von Beratungen, Kursen und Seminaren an Privatpersonen und Firmen weiter.

Ihre Kreativität und ihr schöpferisches Schaffen drückt sie mit Worten, Malerei, Illustrationen und in verschiedenen Kunstprojekten aus.

„Die Bergträumerin – ein Reisebegleiter zum Selbst" ist ihr erstes Buch als Autorin.

www.jeannettestockinger.com

IMPRESSUM

Die 3. überarbeitete Auflage – Buchhandelsausgabe erschien 2024.
Die 2. überarbeitete und erweiterte Auflage erschien 2023 im Verlag Villa Wiental.
Die 1. Auflage erschien 2021 im Verlag story.one publishing.

Text und Bilder:

www.jeannettestockinger.com
E-Mail: jeannettestockinger@gmail.com

Herstellung und Konzeption:
Verlag Villa Wiental – Mag. Dieter Halama
Dr. Niedermayr-Gasse 10, 3021 Pressbaum, Österreich
www.dieter-halama.at
E-Mail: dieter.halama@aon.at

Gestaltung Detail, Lektorat und Korrektorat:
Heide Julie Halama MA
E-Mail: heide_halama@yahoo.de

Gestaltung Konzept:
Melchers Media
www.melchers.media

Papier:
lahnur® 150g/m²
www.europapier.at

Druck und Bindung:
Generál Druckerei GmbH, Szeged
www.generalnyomda.hu

ISBN: 978-3-9504771-3-9
Gedruckt in Ungarn.

VERLAG VILLA WIENTAL

Jeannette Stockinger: Die Bergträumerin – Dein Journal zum Selbst. Reflektiere. Spüre. Träume.

Löse deine Vergangenheit, lebe im Jetzt, erträume dir deine Zukunft.
Das Journal zur Bergträumerin unterstützt beim Verstehen und Reflektieren der gleichnishaften Geschichten aus dem Buch „Die Bergträumerin – ein Reisebegleiter zum Selbst". Es eröffnet neue Sichtweisen auf das eigene Leben und ermutigt zu dessen Transformation – hin zur Erkenntnis und Aktivierung der eigenen Schöpferkraft. Neben gezielten Fragestellungen, Anleitungen zu Meditationen und Ritualen, Übungen und herzöffnenden Texten bietet das Journal Raum um die eigenen Erkenntnisse aufzuschreiben. Es behandelt Themen wie das Erkennen erlernter Glaubenssätze, das Verständnis von Polaritäten und übernommenen Generationstraumata und gibt Impulse zu deren Aufarbeitung durch Methoden wie Energie- und Herzaktivierung, Hingabe, Integration und durch die Kraft des Träumens.

ISBN 978-3-9504771-2-2

Erscheint im Herbst 2024
Format 21 x 29,7cm, ca. 200 Seiten, Spiralbindung
ISBN: 978-3-9504771-2-2

9 783950 477122

VERLAG VILLA WIENTAL

Jeannette Stockinger: Die Bergträumerin – ein Reisebegleiter zum Selbst. Bibliophile Ausgabe.

Das Leben ist ein Zauberspiel – erkenne dich selbst darin.
In den 20 Dialogen mit spirituellen Menschen, die ihr auf dem Weg zum Berggipfel des Selbst begegnen, reflektiert die Bergträumerin über Themen wie Achtsamkeit, Bewusstsein, Liebe und Vertrauen als Grundlagen für ein freies und selbstbestimmtes Leben. Mit ihren Collagen erweitert Jeannette Stockinger den durch die gleichnishaften Texte eröffneten Raum zu einem vieldeutigen Kosmos an Inspirationen für die eigene Reise zum Selbst. Am Ende eines jeden Kapitels laden gezielte Fragen „Zum Nachspüren" ein, das Leben und die eigenen Träume zu reflektieren.

Bibliophile Ausgabe, 100 nummerierte Exemplare, handgebunden, signiert.

Erschienen im Juli 2023
Format 17,5 x 25 cm, 88 Seiten
Handgebunden, feste Deckel mit offenem Rücken
ISBN: 978-3-9504771-1-5

ISBN 978-3-9504771-1-5
9 783950 477115

VERLAG VILLA WIENTAL

Jeannette Stockinger: The Mountain Dreamer – A Travel Companion to Yourself. Bibliophile English edition.

Life is a magical game — take a chance to recognise yourself in it.
In the 20 dialogues of spiritual meaning she encounters on her way to the mountain peak of the self, the Mountain Dreamer reflects on topics such as mindfulness, awareness, love and trust as the foundation for a free and self-determined life. With her collages, Jeannette Stockinger expands the space opened up by symbolic texts into an ambiguous cosmos of inspiration for your own journey to the self. At the end of each chapter, the author offers specific questions 'Feelings to Trace'. Everyone is invited to reflect on life and their own dreams.

Bibliophile edition, 100 numbered copies, hand-bound, signed.

Published in March 2024
Format 17,5 x 25 cm, 88 pages
Hand-bound, hard cover with open spine
ISBN: 978-3-9504771-4-6

ISBN 978-3-9504771-4-6
9 783950 477146

VERLAG VILLA WIENTAL

Jeannette Stockinger: De bergdromer – een reisgenoot naar jezelf.
Bibliofiele Nederlandse editie.

Het leven is een magisch spel – herken jezelf erin.
In de 20 dialogen met spirituele mensen die ze tegenkomt op haar weg naar de bergtop van het zelf, reflecteert de bergdromer op onderwerpen als bedachtzaamheid, bewustzijn, liefde en vertrouwen als basis voor een vrij en zelfbepaald leven. Met haar collages vergroot Jeannette Stockinger de ruimte die de allegorische teksten openen tot een dubbelzinnige kosmos van inspiratie voor de eigen reis naar het zelf. Aan het einde van elk hoofdstuk stelt de auteur specifieke vragen 'Om te bespeuren'. Iedereen is uitgenodigd om na te denken over het leven en de eigen dromen .

Bibliofiele editie, 100 genummerde exemplaren, handgebonden, gesigneerd.

Verschenen in maart 2024
Formaat 17,5 x 25 cm, 88 pagina's
Handgebonden, harde kaft met open rug
ISBN: 978-3-9504771-5-3

ISBN 978-3-9504771-5-3
9 783950 477153